1. Schöne Ferien

Schöne Ferien

Hallo!
Heute ist es sehr weiß.
Die Tonne schneit und
wir wehen ins Schwimmrad.
Dort gibt es eine volle Lutschbahn.
Meine Butter streicht
das Kartenhaus.
Ich schreie noch schnell
diese Rostkarte an dich.
Wald beginnt die Schale
wieder.
  Dein alter Kumpel
    Kalli

An
Murad Ergit
Am Gartenzaum 3
60705 Bankfurt

1 Da war Kalli aber ganz schön in Eile.
Du musst genau lesen, damit du alle Fehler entdeckst.
Eigentlich ist es immer nur ein Buchstabe ...
Markiere alle Wörter, die du verbessern musst,
und schreibe den Text der Postkarte richtig in dein Heft.

Du wirst ein Rechtschreibass, wenn du

genau liest:
> Auch einfache Wörter lese ich immer besonders aufmerksam durch: Sone, Muter, heis

genau sprichst:
> Wenn ich eine Geschichte schreibe, spreche ich alle Wörter in Silben leise mit:
> Heu-te ge-he ich zu mei-ner Freun-din.

genau hörst:
> Du musst besonders gut aufpasssen bei b und p, bei g und k und bei d und t: Wie brüft man die Puchstapen b und p am pesten? Kibt es Grach bei g und k? Dann deste ich toch gleich noch d und t.

Rechtschreibfehler erkennen und verbessern

Schöne Ferien

2 Reimwörter

Setze (g) oder (k) ein und schreibe die Reimwörter geordnet in dein Heft.

sin__en   dan__en   den__en   se__eln   sprin__en

win__en   schen__en   schwan__en   ke__eln

brin__en   trin__en   len__en   schwin__en   tan__en

3 Eigene Texte kannst du mit Prüfkarten überarbeiten:

> Prüfe, ob du Nomen (Namenwörter) und Satzanfänge großgeschrieben hast. Nomen (Namenwörter) gibt es in der Einzahl und in der Mehrzahl.

meine sommergeschichte

in diesem sommer war ich oft im schwimmbad.

einmal bin ich auf den sprungturm geklettert.

ich bin sogar auf das sprungbrett gegangen.

das wasser war ganz tief unten.

da hatte ich plötzlich angst. ich wollte wieder nach unten gehen.

aber dann bin ich doch gesprungen. alle leute haben geklatscht

und meine schwester hat mir ein eis gekauft.

Markiere Satzanfänge und Nomen (Namenwörter).
Schreibe die Nomen (Namenwörter) in der Einzahl und in der Mehrzahl auf.

Verben mit g und k im Inlaut · Großschreibung von Nomen
und Satzanfängen · Nomen in Einzahl und Mehrzahl

Schöne Ferien

4 Welche Rechtschreibhilfen hast du dir gemerkt?

Kennst du noch andere Rechtschreibhilfen?
Wähle eine Rechtschreibhilfe aus und denke dir eine kleine Übung dazu aus.

5 Diese Übungssätze haben Kinder aufgeschrieben.
In jedem Satz ist ein Fehler, den du mit den Rechtschreibtipps finden kannst.
Schreibe die Sätze richtig auf.

Tim bleipt vor dem Zaun stehen.   *Ich denke an bleiben.*

Er schaut traurik zu.   *Ich sage traurig – trauriger.*

Ein kind kommt zu ihm.   *... das Kind – die Kinder*

Es frakt, was los ist.   *Ich denke an fragen.*

Tim zeigt auf sein kaputtes Rat.   *... das Rad – die Räder*

Überlegt euch, wie ihr euch gegenseitig Rechtschreibtipps geben könnt.

Wiederholen von Rechtschreibstrategien (Verlängern, silbisches Sprechen)

2. Nach den Ferien

Nach den Ferien

Wir sitzen wieder auf unseren
alten Plätzen. Wir sprechen über
Schwimmbäder und Sonnenbrände,
über Strände und fremde Länder,
über alte Häuser und alte Städte,
über Wälder und Täler mit Wasserfällen,
über junge Kätzchen und Häschen
und unsere geduldigen Väter.
Plötzlich klatscht unsere Lehrerin
in die Hände.
„Da fällt mir eine tolle Schreibübung ein!"
Wir haben es fast vergessen,
aber die Ferien sind vorbei!

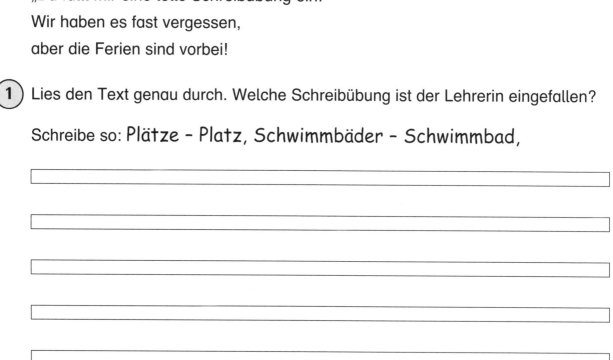

1 Lies den Text genau durch. Welche Schreibübung ist der Lehrerin eingefallen?

Schreibe so: Plätze – Platz, Schwimmbäder – Schwimmbad,

2 Lege dir im Heft eine Tabelle an und trage diese Wörter ein.

die Bäume, die Häuser, die Räder, die Gärten, die Träume, die Schränke,
die Bäuche, die Hähne, die Räume, die Schätze, die Wände, die Zähne,
die Ängste, die Zäune, die Gläser, die Blätter, die Sätze, die Späße

ä	a	äu	au
die Äpfel	der Apfel	die Mäuse	die Maus

Wörter mit ä und äu ableiten

Nach den Ferien

3 Verändere diese Sätze, damit ä zu a und äu zu au wird.

Sie trägt die Tasche. Wir tragen die Taschen.

Er wäscht das Geschirr ab.

Sie läuft zum Briefkasten.

Er fährt mit dem Rad.

Sie brät die Kartoffeln.

Er fängt die Fische.

Sie schläft am längsten.

Er schlägt die Sahne.

4 Ferienwörter

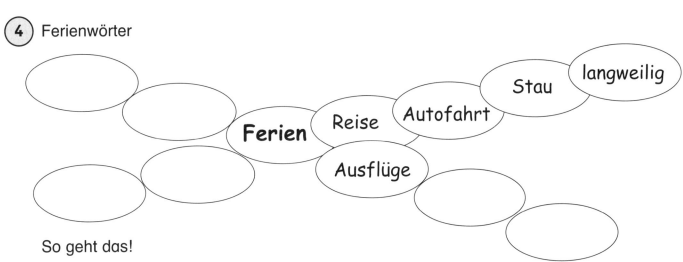

So geht das!
Das Wort Ferien steht in der Mitte.
Dann schreibst du alle Begriffe auf, die dir dazu einfallen.
Mit Begriffen, die zusammengehören,
kannst du versuchen, eine Gedankenkette zu bilden.
Prüfe deine Wörter mit dem Wörterbuch.
Ihr könnt euch eure Wörter auch gegenseitig diktieren
und anschließend gemeinsam mit dem Wörterbuch prüfen.

Verben mit ä und äu ableiten · Ideen für eine Geschichte sammeln

3. Der Geburtstag

Der Geburtstag

Am Freitag hat Tim Geburtstag.
Mira freut sich auf die Feier,
denn sie wird bestimmt eingeladen.
Sie hat auch schon ein Geschenk.
Sie hat ein witziges Buch gekauft.
Aber Mira bekommt keine Einladung.
Am Freitag geht sie zufällig
an seinem Haus vorbei.
Die Gäste machen gerade ein lustiges Spiel.
Mira steht traurig am Zaun und schaut zu.
Da sieht Tim Mira und kommt näher.

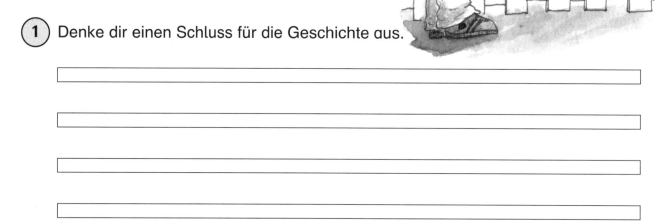

1 Denke dir einen Schluss für die Geschichte aus.

2 Ein Tag – viele Tage
Schreibe die Wochentage auf.
Kontrolliere sie mit dem Wörterbuch.

3 Es gibt ganz besondere Tage.
Setze die Wörter zusammen und schreibe sie ins Heft.
Einige Wörter musst du verändern.

Regen   Schule   Feier   Namen
   Sonne   Fest   **Tag**   Ferien   Herbst
Winter   Geburt   Frühling   Mutter

Geschichte weiterschreiben · Wörter mit g im Auslaut ·
zusammengesetzte Nomen

Der Geburtstag

4 Du weißt, dass du bei den Buchstaben g und k gut aufpassen musst.
Schreibe passende Nomen (Namenwörter) zu den Adjektiven (Wiewörtern) dazu.
Dann weißt du ganz sicher, wie das Wort am Ende geschrieben wird.

trauri__   traurig – ein trauriges Kind

witzi__

lusti__

riesi__

ruhi__

windi__

sonni__

langweili__

5 In den Adjektiven (Wiewörtern) sind Nomen (Namenwörter) versteckt.
Schreibe sie auf.

die Trauer,

6 Aus diesen Nomen (Namenwörtern) kannst du
Adjektive (Wiewörter) bilden.

die Angst, der Herbst, die Feier, das Glück, die Gefahr,
der Schreck, der Freund, der Feind, der Sport

Adjektive mit -ig und -lich   **7**

Der Geburtstag

7 Ein Spiel für das Geburtstagsfest
Die Kinder spielen „Ich packe meinen Koffer".
Diese Gegenstände haben sie genannt:

Taucherbrille, Schuhe, Bikini, Messer, Pullover, Hemd, Muschel, Buch, Badehose, Turnhose, Schaufel, Kassette, Hose, Karten, Apfel, Buntstifte, Malkasten, Papier

Das Spiel wird schwieriger, wenn die Gegenstände nach dem Abc genannt werden sollen. Schreibe die Gegenstände alphabetisch geordnet auf.

8 Noch ein Spiel
Bei diesem Spiel werden der Reihe nach zusammengesetzte Nomen (Namenwörter) genannt. Schau die Wörter genau an und finde die Regel. Schreibe auf, wie es weitergehen könnte.

Spiegel ..., Schrank ...

Tierbücher, Bücherregal, Regalwand, Wand...

9 Wörter wachsen

Geschenk, Papier, Müll, Tonne

Geburt
Geburtstag
Geburtstags...

8 Nomen nach dem Abc ordnen · zusammengesetzte Nomen

Der Geburtstag

10 Wenn Verwandte zum Geburtstag kommen, erinnern sie sich gerne, wie niedlich die Kinder früher waren. Das mögen die meisten Kinder gar nicht. Aus Händen werden dann winzige Händchen, aus Nasen süße Näschen.

der Kopf	der Topf	die Arme	die Beine	die Füße
die Jacke	das Bett	die Hose	die Decke	der Hund
die Gabel	der Löffel	der Teller	das Messer	die Schuhe

Schreibe so: **der Kopf – das Köpfchen, der Topf – das Töpfchen,**

11 Ein Fest planen

Damit ein Fest gelingt, helfen alle mit.
Sie teilen die Aufgaben unter sich auf.
Schreibe in dein Heft, was die Kinder zueinander sagen.
Alle Sätze beginnen mit Du .

Tischkarten basteln   Getränke kaufen
Spiele aussuchen   Zimmer schmücken
Nudeln kochen   Eis holen   Treppe fegen
Einladungen schreiben   Salat waschen
Tomaten schneiden   Tisch decken

Du räumst die Zimmer auf!

Du hilfst in der Küche!

Verkleinerungsform mit -chen und Umlautung ·
Verben in der Personalform

4. Hamster zu verschenken

Hamster zu verschenken

Annas Hamster haben Junge bekommen.
Sie kann die kleinen Hamster nicht behalten.
Deshalb hängt sie in der Schule einen Zettel auf.

> Hamster zu verschenken
> Wer möchte kleine Hamster
> haben?   Anna, Klasse 3a

Mutlu möchte einen Hamster haben.
Er fragt seine Eltern.
Sie wollen es verbieten,
weil er bestimmt vergisst,
den Hamster jeden Tag zu versorgen.
Mutlu verspricht, sich immer
um den Hamster zu kümmern.
Er gibt nicht auf.
Er versucht mit seinen Eltern
noch einmal zu verhandeln.
Er will sogar auf das neue Computerspiel verzichten.

1 Suche im Text alle Wörter mit dem Wortbaustein ver und schreibe sie auf.

2 Zu welchen Verben (Tunwörtern) passt der Wortbaustein ver ?

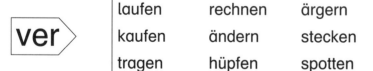

Verben mit dem Wortbaustein ver-

Hamster zu verschenken

3 Viele Tiere

H**a**se   Schl**a**nge   H**u**nd   K**a**tze   V**o**gel   K**ä**fer   **I**gel   **E**sel
Affe   **E**nte   G**a**ns   Sch**a**f   L**a**mm   Grille   Sp**i**nne
L**ö**we   T**i**ger   B**i**ber   F**u**chs   W**e**spe   H**u**mmel   R**a**be   B**ä**r

Sortiere die Wörter nach kurzem und langem Selbstlaut in die Tabelle ein. Schreibe den Begleiter dazu.

Das ist aber schwer!

Ich spreche die Wörter übertrieben aus! Laaamm – Lamm

langer Selbstlaut: der H**a**se

kurzer Selbstlaut: die Schl**a**nge

4 Forscherauftrag

Markiere die Mitlaute nach dem langen und kurzen Selbstlaut.
Wie viele Mitlaute folgen nach langem, wie viele nach kurzem Selbstlaut?

Kurzer und langer Selbstlaut

Hamster zu verschenken

5 Einen Text abschreiben

Alisa möchte
mit ihrem Hamster spielen.
Der Hamster will schlafen,
denn Hamster schlafen am Tag.
Alisa nimmt den Hamster
aus seinem Häuschen.
Der Hamster faucht
und beißt sie in den Finger.
Alisa wird wütend
und schimpft mit dem Hamster.

Schreibe den Text nach den
Abschreibregeln in dein Heft ab.

Lies immer eine Zeile und
präge sie dir ein.
Dann decke sie ab
und schreibe sie auswendig auf.

Sprich die Wörter beim Schreiben
leise mit. Teile die Wörter in
Silben ein.   spie len

Lies den Text genau und ke**nn**-
zeichne in den Wörtern alle
Stellen, die du dir gut
merken wi**ll**st.

Vergleiche und schreibe Wörter,
die du nicht richtig geschrieben
hast, noch einmal auswendig auf.
spielen

6 Suche Wörter, in denen das Wort spielen vorkommt.
Die Spielsteine helfen dir.

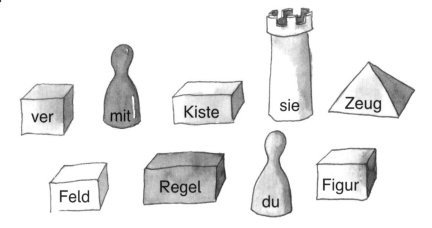

sie spielt,

Hamster zu verschenken

7 Wie können Tiere sein?

Suche Tiere aus und finde passende Adjektive (Wiewörter).
Überprüfe die Rechtschreibung mit dem Wörterbuch.

Hamster   Maus   Hund   Pferd   Reh   Hase
Papagei   Delfin   Tiger   Wespe   Spinne
Affe   Rabe   Frosch

Hamster sind zahm, langweilig, niedlich und ...

8 Schreibideen

★ Berichte über ein besonderes Erlebnis mit einem Tier.
★ Welches Haustier möchtest du haben? Warum möchtest du es?
★ Was könntest du erleben, wenn du einen Löwen, einen Elefanten oder einen Delfin als Haustier hättest?

Besprecht eure Texte in einer Schreibkonferenz.
Achtet besonders auf diese Prüfkarten.

Prüfe, ob du die Satzgrenzen beachtet hast. Am Satzanfang musst du großschreiben.

Ich reite auf meinem Elefanten zur Schule die Lehrer bekommen einen großen Schreck sie laufen weg

Prüfe, ob du nur Nomen (Namenwörter) und Satzanfänge großgeschrieben hast.

Mein Elefant Wartet auf dem Schulhof. Er lehnt sich gegen einen Baum. da fällt der baum um.

Adjektive · Verfassen eigener Texte ·
Großschreibung von Nomen und Satzanfängen

5. Der Verdacht

Der Verdacht

Immer wenn Sina von der Schule
nach Hause kommt,
geht sie zuerst zu ihrer Katze Floh
und zu ihrem Wellensittich Maxi.
Als sie heute in ihr Zimmer geht,
erschrickt sie. Der Vogelkäfig ist leer.
Sie ruft Maxi, aber alles bleibt still.
Nur Floh sitzt auf dem Stuhl
und leckt sich seine Pfote.
Da hat Sina einen schlimmen Verdacht.
Wütend stürzt sie auf Floh zu und schüttelt ihn.
Plötzlich flattert Maxi vom Schrank herunter
und setzt sich auf ihren Kopf.

(1) Welchen Verdacht hatte Sina?

(2) Unterstreiche im Text alle Verben (Tunwörter), die du verändern musst.
Schreibe sie in der Gegenwart und in der Vergangenheit auf.

kommt – kam, geht –

(3) Kontrolliere mit dem Lösungskasten.

> blieb, rief, flatterte, kam, erschrak, leckte, ging,
> hatte, setzte, stürzte, ging, war, schüttelte, saß

(4) Schreibe die Geschichte in der Vergangenheit in dein Heft.
Denke an die Abschreibschritte!

Verben in Gegenwart und Vergangenheit

Der Verdacht

5 Schreck lass nach!
Finde möglichst viele Wörter mit `schreck`.
Bei Verben (Tunwörtern) können dir diese Wortbausteine helfen.

`ab` `auf` `er` `zurück`

Du kannst auch zusammengesetzte Nomen (Namenwörter) bilden.

`Gespenst` `Schuss`

6 Reimwerkstatt

___ecken   ___ocken   ___acken

7 **Schreckgedicht**

Hinter den Ecken
in den Hecken
verbreiten Schrecken
die schrecklichen Zecken.

Zackzackgedicht

Zack, zack, ihr Zacken
seid schwer nur zu packen.
Mal zick und mal zack
so läuft das Zackenpack!

Hockgedicht

Auf dem Hocker
hockt ganz locker
unser kleiner Minirocker
heute mal als Stubenhocker.

Wortbausteine · Wörter mit ck

Der Verdacht

8 Sina hat oft ihren Vogel und ihre Katze beobachtet.
Sie kann genau beschreiben, was ihre Tiere tun.
Finde möglichst viele passende Verben (Tunwörter).

Katzen klettern,

Vögel singen,

Kontrolliere deine Wörter mit dem Wörterbuch.

9 Du kannst Gefühle mit Adjektiven (Wiewörtern) beschreiben.
   Sina ist wütend. Sie fühlt sich mutig.
Du kannst Gefühle mit Nomen (Namenwörtern) beschreiben.
   Sina fühlt ihre Wut. Sie hat viel Mut.

Hier sind weitere Nomen (Namenwörter) versteckt:
   Der Hund bellt zornig. Ich bin ängstlich.
   Dann begrüßt er mich freudig. Ich fühle mich glücklich.

Schreibe so: **wütend – die Wut, mutig – der Mut,**

10 Auch diese Wörter kannst du zu Nomen (Namenwörtern) verändern.

witzig	**der Witz**	schmutzig	
riesig		durstig	
hungrig		fleißig	
gefährlich		ruhig	

Wortschatzerweiterung: passende Verben finden · im Wörterbuch nachschlagen · verwandte Nomen von Adjektiven ableiten

Der Verdacht

11) Ordne die Verben (Tunwörter) nach langem und kurzem Selbstlaut in die Tabelle ein.

klettern, flattern, dösen, schnurren, piepen, fliegen, kratzen, singen, jagen, toben, schlafen, kämpfen, picken, hüpfen

langer Selbstlaut	kurzer Selbstlaut

Untersuche: Wie viele Mitlaute folgen nach langem oder kurzem Selbstlaut?

Nach einem langen Selbstlaut _____

Nach einem kurzen Selbstlaut _____

12) Streitgespräch
Als Sina in der Klasse von ihrem Wellensittich erzählt, meint Leon, dass man Vögel nicht in Käfigen einsperren sollte. Was meinst du dazu?

Kurzer und langer Selbstlaut · eigene Meinung formulieren

6. Wie ein Ei schwimmt

Wie ein Ei schwimmt

Das gibt es doch gar nicht.
Ein ei kann natürlich nicht schwimmen.
Das kannst du leicht selbst ausprobieren.
Es versinkt im wasser.
Du kannst aber einen versuch machen.
Dann wird das ei schwimmen.
Und so einfach geht es:

Fülle einen becher mit wasser.
Schütte langsam salz in das wasser.
Rühre so lange, bis das salz
sich aufgelöst hat.
Lege das ei vorsichtig in das wasser.
Was kannst du sehen?

1 Prüfe den Text mit der Prüfkarte.
Schreibe ihn nach den Abschreibregeln richtig in dein Heft ab.

> Prüfe, ob du nur Nomen (Namenwörter) und Satzanfänge großgeschrieben hast.

So erkennst du Nomen (Namenwörter):
★ Sie haben einen Artikel (Begleiter).
★ Sie können oft in der Einzahl und in der Mehrzahl stehen.

2 Beschreibe, wie du den Versuch durchführst.

zuerst · nun · anschließend · jetzt · schließlich · endlich · dann · zum Schluss

Wähle passende Wörter aus und verwende sie für deine Versuchsbeschreibung.

Zuerst fülle ich

Großschreibung von Nomen · Versuchsbeschreibung verfassen

Wie ein Ei schwimmt

3) Welches Verb (Tunwort) passt am besten?

Der Wasserfall _____

Der Wassertropfen _____

Der Wasserdampf _____

Der Wasserhahn _____

Der Wasserkessel _____

Der Wasserschlauch _____

Die Wasserspülung _____

Der Wasservogel _____

Der Wasserball _____

Tropfen mit Verben:
- rauschen, fließen, tosen, aufsteigen
- spritzen, schweben, schwimmen, glitzern
- prasseln, gleiten, sprudeln, plätschern
- gluckern, rinnen, sinken, zischen, tropfen

Suchauftrag: Welche Verben (Tunwörter) haben einen langen Selbstlaut?

_____

_____

4) Versteckte Wörter

W	A	S	S	E	R	P	F	L	A	N	Z	E	N	M	Z	W
A	U	N	H	K	I	O	P	N	H	G	T	V	H	I	B	A
S	A	L	Z	W	A	S	S	E	R	F	I	S	C	H	M	S
S	R	E	F	A	S	P	A	H	E	R	T	C	U	T	U	S
E	P	I	H	S	B	R	D	E	G	D	I	W	H	U	E	E
R	M	T	H	S	B	U	X	T	E	E	W	A	S	S	E	R
R	F	U	K	E	S	D	Q	W	N	Ü	A	S	G	H	J	F
U	T	N	K	R	M	E	E	R	W	A	S	S	E	R	Ö	A
T	H	G	B	F	W	L	C	F	A	Z	I	E	S	D	F	L
S	K	S	K	L	Z	W	A	S	S	E	R	R	O	H	R	L
C	J	W	J	A	J	A	P	P	S	T	T	B	E	O	S	S
H	X	A	G	S	D	S	I	O	E	P	S	A	R	C	T	U
B	Z	S	H	C	U	S	R	R	R	O	W	L	T	H	M	M
A	T	S	A	H	I	E	G	B	T	K	M	L	P	W	V	Q
H	T	E	T	E	C	R	A	S	J	G	H	J	K	A	O	P
N	H	R	Ä	N	R	T	Z	U	N	V	B	N	M	S	Y	X
K	G	H	J	K	L	T	R	I	N	K	W	A	S	S	E	R
L	A	S	D	F	G	H	J	K	E	E	C	V	B	E	J	K
W	A	S	S	E	R	T	R	O	P	F	E	N	I	R	H	K

Finde die 15 versteckten Wörter, markiere sie und schreibe sie in dein Heft.
Vorsicht: Auch von oben nach unten verlaufen Wortschlangen!

Wortschatzerweiterung: passende Verben finden · Rätsel lösen   **19**

Wie ein Ei schwimmt

5 Aufgepasst!

Sprich die Wörter genau.
Erkläre ihre Bedeutung und denke dir Beispielsätze aus.

6 Verben (Tunwörter) verändern sich.
Ergänze die Tabelle.

Grundform	Personalform in der Gegenwart	Personalform in der Vergangenheit
		er wusch
	ich schwimme	
		sie versanken
		er stieg auf
spritzen	es	
	es tropft	
		sie tauchte

Ähnlich klingende Wörter · Verben in Grundform, Gegenwart und Vergangenheit

7. Tauchfahrt

Tauchfahrt

Der Frosch möchte mit seiner Freundin Fliege tauchen.
Die Fliege kann nicht tauchen
und verlangt ein U-Boot.
Der Frosch denkt nach.
Er sucht sich ein Glas, eine Schachtel
und einen Stein. Dann geht er an die Arbeit.
Er baut ein richtiges U-Boot.
Die Fliege zerrt die Schachtel ins Wasser
und legt sich gemütlich hinein.
Der Frosch trägt das Glas zum Ufer
und stülpt es über die Schachtel.
Dann nimmt er einen langen Anlauf
und springt – fast daneben.
Doch er landet auf dem Glas.
Das Glas sinkt und die Tauchfahrt beginnt.

1 Fliege und Frosch sagen sich gegenseitig, was sie machen sollen.
Wenn du die Geschichte genau liest, wirst du viele Beispiele finden.
Du kannst dir auch eigene Sätze ausdenken.

Du denkst nach!

Du legst dich hinein!

Verben in der Du-Form

Tauchfahrt

2 Lege im Heft eine Tabelle an und sortiere die Wörter
nach Grundform und Personalformen richtig ein.
Ergänze die fehlenden Formen.
Kennzeichne das Wortende bei der Grundform und den Personalformen.

du denkst, springen, legen, denken, ich trage, ich brauche, nehmen,
ich beginne, du wirfst, bringen, ich schwebe, du liegst, waschen,
ich tausche, du mischst, ich klebe, du gibst, lesen

Grundform	Personalform mit ich	Personalform mit du
tauch**en**	ich tauch**e**	du tauch**st**

3 Am Badesee
Schau das Bild genau an und schreibe auf:

Es ist viel los am Badesee: Der Hund

Verben in Grundform und Personalformen · Bild beschreiben

Tauchfahrt

4 Richtig schreiben zu zweit
Diktiere einem anderen Kind Sätze aus der Geschichte vom Frosch und der Fliege. Gib dabei möglichst viele Rechtschreibtipps, damit alle Wörter richtig geschrieben werden.

★ Du möchtest daran erinnern,
dass ein Nomen (Namenwort) großgeschrieben wird.
Sage es mit Artikel (Begleiter) in der Einzahl und in der Mehrzahl.

Dann nimmt er einen langen (a)nlauf...

Ich sage dir:
der Anlauf – die Anläufe.

★ Du möchtest daran erinnern,
dass das h in einem Verb (Tunwort) nicht vergessen wird.
Du gibst den Tipp, die Grundform in Silben zu sprechen.

Dann g(et) er an die Arbeit.

Bei dem Wort geht denke ich an ge-hen.

★ Du möchtest daran erinnern,
dass ein Verb (Tunwort) kleingeschrieben wird.
Dann kannst du es in verschiedenen Personalformen sagen.

Die Fliege kann nicht (T)auchen ...

Denke bei tauchen an:
ich tauche, er taucht.
Nur Nomen (Namenwörter) schreibt man groß.

Du kennst bestimmt noch mehr Rechtschreibtipps,
mit denen du einem anderen Kind bei dieser Übung helfen kannst!

5 Was erleben Frosch und Fliege auf ihrer Tauchfahrt?

Schreibe eine kleine Geschichte in dein Heft.

Rechtschreibstrategien als Partnerarbeit · Geschichte schreiben

8. Das Gewitter

Das Gewitter

Ein Gewitter zieht herauf.
Langsam kriechen die schwarzen Wolken näher.
Plötzlich wird es stürmisch.
Staub und Blätter wirbeln in der Luft umher.
Erste Blitze und leise Donnerschläge
schrecken uns auf.
Eilig packen wir unsere Sachen zusammen
und flüchten ins Haus.
Der Sturm tobt immer heftiger.
Dicke Tropfen prasseln auf die Erde
und riesige Hagelkörner knallen auf das Pflaster.
Die Bäume biegen sich im Sturm.
Da passiert das Unglück:
Vom großen Kirschbaum fällt ein Nest herunter!
Wir rennen in den Garten.
Vier junge Vögel liegen im Nest und piepsen ängstlich.

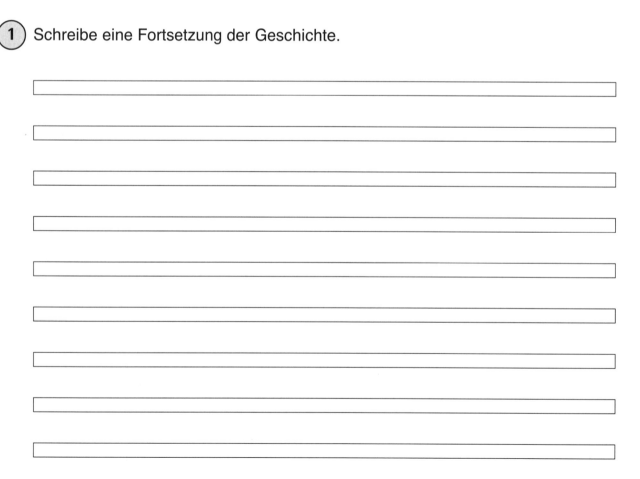

1 Schreibe eine Fortsetzung der Geschichte.

Geschichte weiterschreiben

Das Gewitter

2) Suche im Text die Wörter mit (ck) und schreibe sie mit verwandten Wörtern auf.

aufschrecken, der Schreck,

3) In diesem Baum sind viele Bäume versteckt.
Schreibe die Namen der Bäume auf.

4) Bilde von den Verben (Tunwörtern) im Text die Vergangenheit.
Diese Wörter musst du verändern:

zieht   kriechen   wird   wirbeln   schrecken
packen   flüchten   tobt   prasseln   knallen   biegen
passiert   fällt   rennen   liegen   piepsen

zieht – zog,

Schreibe den ganzen Text in der Vergangenheit in dein Heft.

Wörter mit ck · zusammengesetzte Nomen ·
Verben in der Vergangenheit

25

Das Gewitter

5 Vogelnest, Vogeljunge, Vogeleltern

Mit Vogel kann man viele zusammengesetzte Nomen (Namenwörter) bilden.

6 Ergänze die fehlenden Wörter in der Tabelle.
Du kannst nicht alle Lücken füllen!

Nomen (Namenwörter)	Verben (Tunwörter)	Adjektive (Wiewörter)
der Donner		
	fliegen	
		stürmisch
die Eile		
	stauben	
		flüchtig
	blitzen	
	knallen	
die Erfindung		
	interessieren	
	langweilen	
die Rettung		
		dankbar

Zusammengesetzte Nomen ·
Ableitung von Nomen, Verben, Adjektiven

Das Gewitter

7 Lies die Sätze genau durch und markiere die Fehler. Schreibe die Sätze richtig auf.

Der Sturm siegt die Räume im Karten.

Er seht ein Fest vom Kirchbaum.

Die Rinder überleben, wie sie die witzigen Vögel ketten können.

Sie fragen das Fest ins Haus.

Sie stehlen die Reiter an den Baum.

8 Viele Vogelnamen verraten uns etwas über den Vogel. Schlagt solche Namen nach und schreibt die wichtigsten Informationen auf.

Zwergtaucher: kleiner Wasservogel – lebt am Ufer – ernährt sich von Wassertieren

Turmfalke: Raubvogel – Nest in Felsen und Ruinen oder Türmen – jagt kleine Säugetiere und Vögel

Neuntöter:

Fehler erkennen · Bedeutung zusammengesetzter Nomen erschließen

9. Haltet euch fest!

Haltet euch fest!

Seit Tagen schauen wir den Männern zu,
die die riesige Achterbahn aufbauen.
Endlich ist sie fertig.
Nun stehen wir mit unseren Eltern davor.
Sie trauen sich nicht zu fahren,
aber wir sind mutig und steigen ein.
Zuerst fahren wir langsam hoch hinauf.
Dann biegen wir um eine Kurve.
Plötzlich geht es tief hinunter.
Die Haare fliegen im Wind.
Schon kommen die nächsten Kurven.
Und wieder stürzen wir steil hinab.
Unsere Herzen schlagen ganz wild.
Jetzt haben wir doch große Angst.
Wir schließen die Augen und schreien.
Blass steigen wir aus. Aber wir rufen:
„Das hat Spaß gemacht!"

(1) Markiere im Text die Stellen in den Wörtern, die für dich wichtig sind
und die du dir besonders gut merken musst.
Schreibe diese Wörter auswendig auf und vergleiche.

(2) Setze den Text in die Vergangenheit.
Unterstreiche, welche Wörter du verändern musst, und schreibe sie in dein Heft.
Zur Kontrolle kannst du diese Seite umdrehen.

schauen – schauten, aufbauen – aufbauten, ist – war, stehen – standen, trauen – trauten,
sind – waren, steigen – stiegen, fahren – fuhren, biegen – bogen, geht – ging, fliegen –
flogen, kommen – kamen, stürzen – stürzten, schlagen – schlugen, haben – hatten, schließen –
schlossen, schreien – schrien, steigen – stiegen, rufen – riefen

Merkstellen in Wörtern markieren · Text in die Vergangenheit setzen

Haltet euch fest!

3 Richtig schreiben zu zweit
Diktiert euch gegenseitig einige Sätze aus der Geschichte.
Gebt euch möglichst gute Rechtschreibtipps.
Schlagt sie auf Seite 23 nach.

Hier sind noch zwei andere Tipps:

★ Du weißt,
dass du Wörter prüfen musst, wenn du ein k am Wortende hörst.

Wir sind muti(k).

Ich verlängere Wörter:
mutig – mutige Kinder.

★ Du weißt,
dass du Wörter prüfen musst, wenn du ein t am Wortende hörst.

Die Haare fliegen im Win(t).

Ich verlängere Wörter:
der Wind – die Winde.

4 Suche zu diesen beiden Rechtschreibtipps eigene Beispiele.

5 Drei Selbstlaute hintereinander!
Suche alle Wörter im Text, in denen drei Selbstlaute hintereinander vorkommen.
Schreibe sie auf.

Rechtschreibtstrategien als Partnerarbeit ·
Wörter mit g und d im Auslaut verlängern · Selbstlauthäufung

Haltet euch fest!

6 Du kannst noch weitere Wörter bauen, in denen drei Selbstlaute aufeinander folgen.

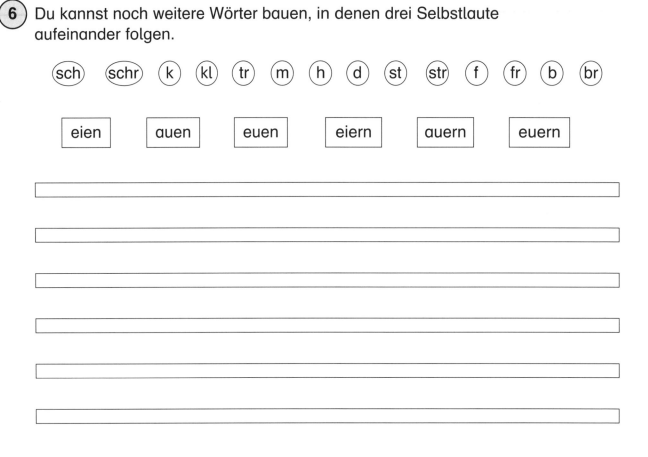

7 Wilde Fahrt!

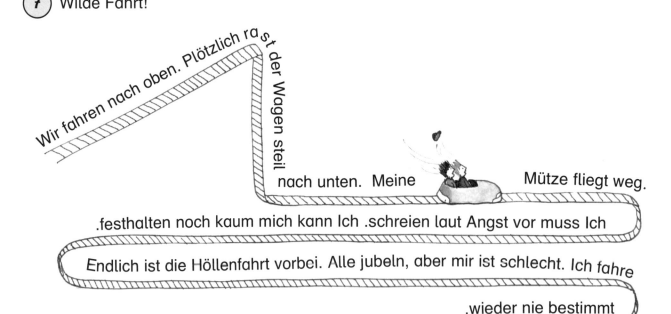

Schreibe diesen Text in dein Heft ab.

Gestalte auch eine kleine Achterbahn- oder Karussellgeschichte.

Verben bilden · Text durch die Anordnung der Wörter gestalten

Haltet euch fest!

8 Hoch – höher – **am höchsten**

Auf dem Festplatz werden viele Dinge angepriesen.
Ergänze die Sprechblasen.

billig
billiger
_____

wild
_____
_____

schnell
_____
_____

groß
_____
_____

stark
_____
_____

gruselig
_____
_____

aufregend
_____
_____

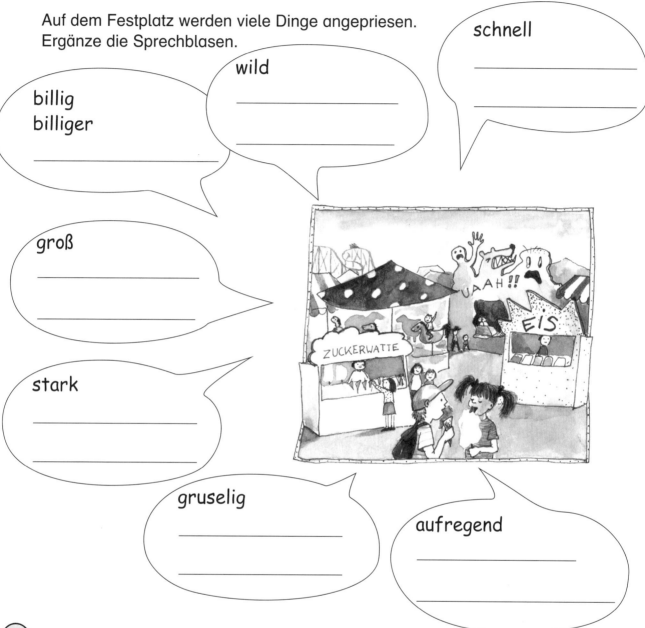

9 Schnellsprecher
An Losbuden, Verkaufsständen oder Karussells wird meist
besonders schnell gesprochen. Das klingt dann so:

Steigteinzurnächstenfahrtihrwerdetstaunensoetwashabtihr
nochnichterlebtwirgarantierennervenkitzelundspaßlassteuch
überraschendaswarnochniedahöherundschnellerundwilder
gehtesnicht!

Trenne die einzelnen Wörter durch Striche.
Bestimme die Satzgrenzen durch rote Striche.
Denke daran: Satzanfänge und Nomen (Namenwörter) großschreiben!
Schreibe den Text in dein Heft ab.

Steigerung von Adjektiven · Wort- und Satzgrenzen erkennen

10. Geheimnisvolle Post

Geheimnisvolle Post

Als ich gestern den Briefkasten öffnete,
fand ich einen merkwürdigen Brief.
Es gab keine Briefmarke und keinen Absender.
In dem Briefumschlag lag nur
ein weißes Blatt, auf dem stand:

Kannst du durch dieses Blatt steigen?
Wenn es dir gelingt, bist du zu unserem
Überraschungsfest eingeladen.
Steige morgen in der Hofpause durch das Blatt.
Dann erhältst du die Einladung.
XXX

Zuerst wusste ich nicht, was gemeint war.
Den ganzen Tag dachte ich darüber nach.
Plötzlich kam mir eine Idee.
Ich schlug in einem Buch über Scherze nach
und fand die Beschreibung des Tricks.
Sofort nahm ich eine Schere und ging an die Arbeit.
Ich schnitt nach der Anleitung in das Blatt.
So gelang es mir tatsächlich durch das Blatt zu steigen.

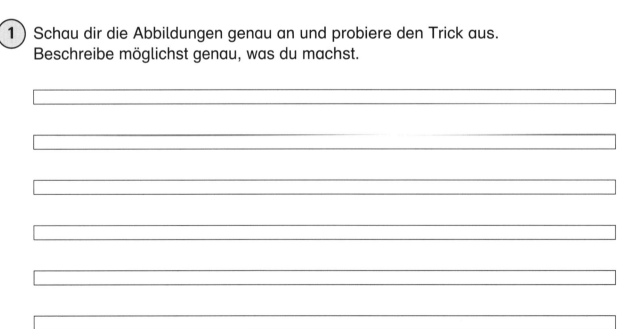

(1) Schau dir die Abbildungen genau an und probiere den Trick aus.
Beschreibe möglichst genau, was du machst.

Vorgangsbeschreibung

Geheimnisvolle Post

2 Wörterzauber – Zauberwörter
In der Trickkiste finden wir
noch einen Kistentrick,
denn für das Überraschungsfest
bringen wir eine Festüberraschung mit.

Wörter in der Kiste: Topf, Schrift, Wiese, Gemüse, Tür, Dach, Stuhl, Fenster, Ball, Salat, Uhr, Spiel, Kartoffel, Ziegel, Schloss, Zeichen, Zeit, Garten, Lehne, Blumen, Turm, Glas

Finde Zusammensetzungen der Nomen
(Namenwörter) und schreibe sie auf.
Manchmal kannst du die neuen Wörter
auch umdrehen.

3 Unterstreiche im Text alle Verben (Tunwörter) in der Vergangenheitsform.
Schlage die Wörter im Wörterbuch nach.
Schreibe sie in der Grundform und in der Vergangenheit auf.

Zusammengesetzte Nomen ·
Verben in Grundform und Vergangenheit

Geheimnisvolle Post

4 Kleine Reime – keine Reime! Ergänze die fehlenden Wörter.

schlagen – schlug	fliegen – flog	bleiben – blieb
tragen – _____	biegen – _____	schreiben – _____
fragen (!) – _____	siegen (!) – _____	reiben – _____
gleiten – glitt	singen – sang	leiden – litt
reiten – _____	springen – _____	schneiden – _____
streiten – _____	bringen (!) – _____	neiden (!) – _____
lenken – lenkte	leben – lebte	drehen – drehte
schenken – _____	kleben – _____	wehen – _____
denken (!) – _____	geben (!) – _____	sehen (!) – _____

5 Langer Selbstlaut – kurzer Selbstlaut
Suche die zusammengehörigen Paare und ordne sie in die Tabelle ein.

nimmt, schließen, nehmen, schlossen, schneiden, bekommen, schnitten, bekamen, streiten, stritten, sitzen, vergessen, saßen, vergaßen

langer Selbstlaut	kurzer Selbstlaut
nehmen	nimmt

Verben in Grundform und Vergangenheit ·
langer und kurzer Selbstlaut

Geheimnisvolle Post

6 g oder k?

Tra**✴**t den richtigen Buchstaben ein.   tragt – tragen

Schla**✴**t bitte die Bücher auf!

Fan**✴**t den Ball!

Den**✴**t an die Rechtschreibtipps!

Brin**✴**t die Fahrräder mit!

Len**✴**t um die Hindernisse!

Sin**✴**t bitte lauter!

Trin**✴**t noch etwas!

7 Schreibe die Aufforderungssätze aus Aufgabe 6 in der Ich-Form.

Ich trage den richtigen Buchstaben ein.

8 Scherz mit Herz!
Ein **Scherz** soll nicht **schmerzen**.
Er soll **herzlich** und nicht herzlos sein.
Er darf niemanden ins Unglück **stürzen**.
Und was ist, wenn Schreck oder Ärger **kurz** sind?

Schreibe zu den fettgedruckten Wörtern alle verwandten Wörter ins Heft. Das Wörterbuch hilft dir dabei. Markiere rz.

Verben mit g im Inlaut verlängern · Wörter mit rz

11. Die Seiten mit dem ie

Die Seiten mit dem ie

Wir singen schöne ☐,

im Frühling blüht der ☐.

Das Schneiderlein fing ☐,

obwohl sie nur ganz schwer zu ☐.

Wenn die Kinder Fußball ☐,

müssen auf das Tor sie ☐.

Im Heft soll ich nicht ☐,

doch muss ich oft ☐.

Wenn Wasser aus dem Himmel ☐,

der Gärtner nicht den Garten ☐.

Wir malen auf das Blatt ☐

ein lustiges ☐.

Ich lag im Bett und schlief ganz ☐,

bis meine Mutter sanft mich ☐.

Die Sache ganz und gar nicht ☐,

drum ging sie dann auch völlig ☐.

1 Setze die passenden Reimwörter ein.

> spielen, Papier, Lieder, zielen, schmieren, Giraffentier, tief, rief,
> Flieder, radieren, lief, fließt, schief, gießt, kriegen, sieben Fliegen

2 Schreibe die Verse, die dir gefallen, nach den Abschreibregeln ab.

Reimwörter mit ie · Text abschreiben

Die Seiten mit dem ie

(3) Wörter finden

Schreibe die Wörter in dein Heft.

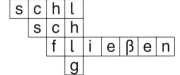 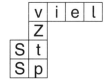 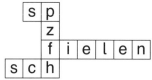

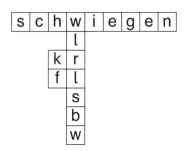 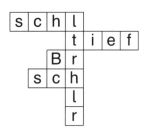 

 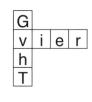 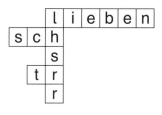

(4) Schreibe Sätze mit möglichst vielen ie –Wörtern.

Reimwörter mit ie · Sätze mit ie-Wörtern finden

Die Seiten mit dem ie

(5) WENN FLIEGEN HINTER FLIEGEN FLIEGEN,
FLIEGEN FLIEGEN FLIEGEN HINTERHER.

Schreibe den Satz auf. Tipp: Du kannst die Nomen (Namenwörter) herausfinden, wenn du im Satz Artikel (Begleiter) einsetzt.

(6) Du kannst so einen Satz auch mit diesen Wörtern schreiben:

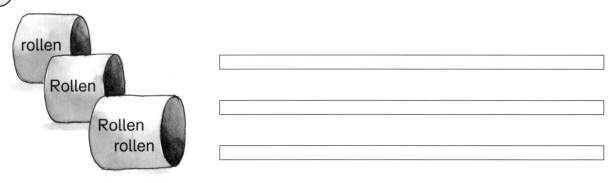

(7) Langes ie oder kurzes i
Sprich die Wörter genau und schreibe sie auf.
Kontrolliere mit deinem Wörterbuch.

der Spiegel

Erkennen von gleich lautenden Nomen und Verben · kurzes i oder langes ie

12. Klassenfahrt

Klassenfahrt

In diesem Jahr geht es endlich auf Klassenfahrt.
Wir zählen schon die Wochen
und können es kaum noch erwarten.
Seit dem Frühjahr zahlen wir
dafür Geld in die Klassenkasse ein.
Wir haben ein Haus mitten im Wald ausgewählt.
Da können wir ganz viel unternehmen.
Wir wollen uns eine Höhle bauen
und eine Nachtwanderung machen.
Das wird bestimmt ganz gefährlich,
denn wir gehen ohne Taschenlampen.
Wahrscheinlich werden wir auch
an einer Waldführung teilnehmen.
Es gibt noch viel zu besprechen und zu planen.
Hoffentlich wird niemand krank und fehlt.

1 Suche aus dem Text alle Wörter mit Dehnungs-h heraus.

2 Zur Vorbereitung auf die Klassenfahrt haben die Kinder zuerst eine Merkliste gemacht. Dann werden die Aufgaben verteilt.
Schreibe in dein Heft, wer welche Aufgaben übernimmt.

Gruppen einteilen: Onur, Laura – *Onur und Laura teilen die Gruppen ein.*

Ball mitbringen: Patrick	Vorlesegeschichten aussuchen: Fabian
Spiele vorbereiten: Isabell, Sarah	Bastelsachen einpacken: Tim
Dienste einteilen: Jasmin, Kevin	Quiz ausdenken: Alex, Leonie
Waldführung anmelden: Herr Holz	Geld einsammeln: Frau Händler
Schlafgruppen einteilen: Marco, Isa	Anmeldung wegschicken: Mutlu

Wörter mit Dehnungs-h · Verben in der Personalform

Klassenfahrt

3 Sortiere die Wörter nach Wortfamilien.
Wörter einer Wortfamilie haben verwandte Wortstämme.

> wählen, Erzählung, nehmen, Wahl, zählen, Teilnahme, auswählen, Anzahl, wegnehmen, wählerisch, Mehrzahl, Vernehmung, verwählen, einzahlen, Ausnahme, Auswahl, Bezahlung, abnehmen, Wähler, Aufzählung, mitnehmen, Vorwahl, abzählen, unternehmen

Sprecht über die Bedeutung der Wörter und sucht Erklärungen für seltene Wörter.

4 Üben – Übung
Finde alle Nomen (Namenwörter) in Aufgabe 3, die auf -ung enden.
Schreibe das Verb (Tunwort) in der Grundform dazu.

die Erzählung – erzählen,

Wortfamilien (Wörter mit Dehnungs-h) · Nomen auf -ung · Ableitung von Verben

Klassenfahrt

5 Nachtwanderung

Das fettgedruckte Nomen (Namenwort) kann in ein Adjektiv (Wiewort) verwandelt werden.

Eda hat heute **Mut**, sonst ist sie nicht so mutig.

Sven hat **Angst**, denn er ist immer etwas _____.

Mutlu vergisst seinen **Zorn**. Sonst ist er oft lange _____.

Ricardo macht **Spaß**, denn er findet alles _____.

Ich fürchte keine **Gefahr**, denn ich finde nichts _____.

Unser Lehrer macht **Witze**, er ist oft _____.

Die Bäume rauschen im **Wind**, denn es ist sehr _____.

Wir fürchten die **Gespenster**, denn der Wald ist _____.

Es herrscht **Ruhe**, denn plötzlich sind alle _____.

Das ist ein **Abenteuer**, denn diese Wanderung ist _____.

Samira sammelt mit **Fleiß** Stöcke, sie ist immer _____.

Der **Regen** beginnt wieder, denn das Wetter ist _____.

6 Endungen von Adjektiven (Wiewörtern)

Bei den Adjektiven (Wiewörtern) aus Aufgabe 5 sind die Endungen ▷-ig, ▷-lich und ▷-isch nicht leicht zu unterscheiden. Verlängere die Adjektive (Wiewörter) und schreibe sie mit einem passenden Nomen (Namenwort) auf.

mutig – die mutige Eda, _____

_____

_____

_____

_____

_____

Adjektive von verwandten Nomen herleiten ·
Adjektive auf -ig, -lich und -isch

Klassenfahrt

7 Geschichten schreiben – Geschichten überarbeiten

Die Höhle

Gestern wanderten wir zur Teufelshöhle.

Wir waren alle etwas aufgeregt und neugierig.

Die Gänge in der Höhle waren sehr eng und dunkel.

Man musste gut aufpassen, dass man sich nicht den Kopf anstieß.

Auf einmal merkte ich, dass ich ganz alleine war.

Ich ging vorsichtig weiter und stand plötzlich vor einem merkwürdigen Stein.

Ich erschrak sehr, denn der Stein begann zu sprechen: …

Wie könnte die Geschichte weitergehen?

Besprecht eure Texte in einer Schreibkonferenz.
Überlegt, mit welchen Prüfkarten oder Rechtschreibtipps ihr die Texte überarbeiten könnt.

Geschichte weiterschreiben · Geschichten verbessern

Lösungen

S. 1 ①: An Murad Ergit, Am <u>Gartenzaun</u> 3, 60705 <u>Frankfurt</u> . Hallo! Heute ist es sehr <u>heiß</u>. Die <u>Sonne scheint</u> und wir <u>gehen</u> ins <u>Schwimmbad</u>. Dort gibt es eine <u>tolle</u> <u>Rutschbahn</u>. Meine <u>Mutter</u> streicht das <u>Gartenhaus</u>. Ich <u>schreibe</u> noch schnell diese <u>Postkarte</u> an dich. <u>Bald</u> beginnt die <u>Schule</u> wieder. Dein alter Kumpel Kalli

Rechtschreibass: So**nn**e, Mu**tt**er, hei**ß**; **W**ie **p**rüft man die **B**uchstaben b und p am **b**esten? **G**ibt es **K**rach bei g und k? **D**ann **t**este ich **d**och gleich noch d und t.

S. 2 ②: singen *oder* sinken, danken, denken, segeln, springen, winken, schenken, schwanken, kegeln, bringen, trinken, lenken, schwingen, tanken.
singen – springen – bringen – schwingen, sinken – winken – trinken, danken – schwanken – tanken, denken – schenken – lenken, segeln – kegeln.

S. 2 ③: Meine **Sommergeschichte**: **In** diesem **Sommer** war ich oft im **Schwimmbad**. **Einmal** bin ich auf den **Sprungturm** geklettert. Ich **bin** sogar auf das **Sprungbrett** gegangen. **Das Wasser** war ganz tief unten. **Da** hatte ich plötzlich **Angst**. **Ich** wollte wieder nach unten gehen. **Aber** dann bin ich doch gesprungen. **Alle Leute** haben geklatscht und meine **Schwester** hat mir ein **Eis** gekauft.

Sommergeschichte – Sommergeschichten, Sommer, Schwimmbad – Schwimmbäder, Sprungturm – Sprungtürme, Sprungbrett – Sprungbretter, Wasser, Angst – Ängste, Leute, Schwester – Schwestern, Eis.

S. 3 ④: Wenn ich im Wort ein p höre, dann bilde ich die Grundform.
Wenn ich am Wortende ein t höre, dann verlängere ich das Wort.
Ich trenne Wörter in Silben, damit ich alle Buchstaben höre.

S. 3 ⑤: Tim blei**b**t vor dem Zaun stehen. Er schaut trauri**g** zu. Ein **K**ind kommt zu ihm. Es fra**gt**, was los ist. Tim zeigt auf sein kaputtes Ra**d**.

S. 4 ①: Sonnenbrände – Sonnenbrand, Strände – Strand, Länder – Land, Häuser – Haus, Städte – Stadt, Wälder – Wald, Täler – Tal, Wasserfälle – Wasserfall, Kätzchen – Katze, Häschen – Hase, Väter – Vater, Hände – Hand, fällt – fallen.

S. 4 ②: ä – a: die Räder – das Rad, die Gärten – der Garten, die Schränke – der Schrank, die Hähne – der Hahn, die Schätze – der Schatz, die Wände – die Wand, die Zähne – der Zahn, die Ängste – die Angst, die Gläser – das Glas, die Blätter – das Blatt, die Sätze – der Satz, die Späße – der Spaß.
äu – au: die Bäume – der Baum, die Häuser – das Haus, die Träume – der Traum, die Bäuche – der Bauch, die Räume – der Raum, die Zäune – der Zaun.

S. 5 ③: Wir waschen das Geschirr ab. Wir laufen zum Briefkasten. Wir fahren mit dem Rad. Wir braten die Kartoffeln. Wir fangen die Fische. Wir schlafen am längsten. Wir schlagen die Sahne.

S. 6 ②: Montag – Dienstag – Mittwoch – Donnerstag – Freitag – Samstag – Sonntag.

43

Lösungen

S. 6 (3): Regentag – Schultag – Feiertag – Namenstag – Sonntag/Sonnentag – Festtag – Ferientag – Herbsttag – Wintertag – Geburtstag – Frühlingstag – Muttertag.

S. 7 (4): Z. B.: ein witziger Clown, ein lustiges Buch, ein riesiger Berg, ein ruhiger Ort, eine windige Ecke, ein sonniger Platz, ein langweiliger Film.

S. 7 (5): der Witz, die Lust, der Riese, die Ruhe, der Wind, die Sonne, die Langeweile.

S. 7 (6): ängstlich, herbstlich, feierlich, glücklich, gefährlich, schrecklich, freundlich, feindlich, sportlich.

S. 8 (7): Apfel, Badehose, Bikini, Buch, Buntstifte, Hemd, Hose, Karten, Kassette, Malkasten, Messer, Muschel, Papier, Pullover, Schaufel, Schuhe, Taucherbrille, Turnhose.

S. 8 (8): Z. B. Wandspiegel, Spiegelbild, Bilderrahmen; Wandschrank, Schranktür, Türschloss, Schlossgespenst, Gespensterstunde, Stundenplan.

S. 8 (9): Geburt – Geburtstag – Geburtstagsgeschenk – Geburtstagsgeschenkpapier – Geburtstagsgeschenkpapiermüll – Geburtstagsgeschenkpapiermülltonne.

S. 9 (10): die Arme – die Ärmchen, die Beine – die Beinchen, die Füße – die Füßchen, die Jacke – das Jäckchen, das Bett – das Bettchen, die Hose – das Höschen, die Decke – das Deckchen, der Hund – das Hündchen, die Gabel – das Gäbelchen, der Löffel – das Löffelchen, der Teller – das Tellerchen, das Messer – das Messerchen, die Schuhe – die Schühchen.

S. 9 (11): Du bastelst die Tischkarten. Du kaufst die Getränke. Du suchst die Spiele aus. Du schmückst das Zimmer. Du kochst die Nudeln. Du holst das Eis. Du fegst die Treppe. Du schreibst die Einladungen. Du wäschst den Salat. Du schneidest die Tomaten. Du deckst den Tisch.

S. 10 (1): verschenken, verbieten, vergisst, versorgen, verspricht, versucht, verhandeln, verzichten.

S. 10 (2): verlaufen, verrechnen, verärgern, verkaufen, verändern, verstecken, verpassen, vertragen, verspotten.

S. 11 (3)(4): Langer Selbstlaut: der Ha_s_e, der Vo_g_el, der Kä_f_er, der I_g_el, der E_s_el, der Lö_w_e, der Ti_g_er, der Bi_b_er, der Ra_b_e, der Bä_r_. Kurzer Selbstlaut: die Schla_ng_e, der Hu_nd_, die Ka_tz_e, der A_ff_e, die E_nt_e, die Ga_ns_, das La_mm_, die Gri_ll_e, die Spi_nn_e, der Fu_chs_, die We_sp_e, die Hu_mm_el.

S. 12 (6): sie spielt, die Spielfigur, Spielzeug, mitspielen, Spielregel, verspielt, Spielfeld, du spielst, Spielkiste.

S. 13 (8): Ich reite auf meinem Elefanten zur Schule. **D**ie Lehrer bekommen einen großen Schreck. **S**ie laufen weg. Mein Elefant wartet auf dem Schulhof. Er lehnt sich gegen einen Baum. **D**a fällt der **B**aum um.

Lösungen

S. 14 (4): Immer wenn Sina von der Schule nach Hause kam, ging sie zuerst zu ihrer Katze Floh und zu ihrem Wellensittich Maxi. Als sie heute in ihr Zimmer ging, erschrak sie. Der Vogelkäfig war leer. Sie rief Maxi, aber alles blieb still. Nur Floh saß auf dem Stuhl und leckte sich seine Pfote. Da hatte Sina einen schlimmen Verdacht. Wütend stürzte sie auf Floh zu und schüttelte ihn. Plötzlich flatterte Maxi vom Schrank herunter und setzte sich auf ihren Kopf.

S. 15 (5): Z. B.: abschrecken, aufschrecken, erschrecken, zurückschrecken, Schreckgespenst, Schreckschuss, schrecklich.

S. 15 (6): Z. B.: ___ecken: Ecken, Decken, Hecken, Schrecken, Zecken, strecken, erschrecken, aushecken, verstecken, bedecken; ___ocken: hocken, Socken, trocken, locken; ___acken: hacken, packen, Nacken, Zacken.

S. 16 (8): Katzen klettern, miauen, schlecken, schleichen, springen, schnurren, jagen, schlafen, kratzen, kämpfen. Vögel singen, bauen, brüten, nisten, füttern, fliegen, flattern, landen, picken.

S. 16 (9): zornig – der Zorn, ängstlich – die Angst, freudig – die Freude, glücklich – das Glück.

S. 16 (10): riesig – der Riese, hungrig – der Hunger, gefährlich – die Gefahr, schmutzig – der Schmutz, durstig – der Durst, fleißig – der Fleiß, ruhig – die Ruhe.

S. 17 (11): Langer Selbstlaut: dösen, piepen, fliegen, jagen, toben, schlafen.
Kurzer Selbstlaut: klettern, flattern, schnurren, kratzen, singen, kämpfen, picken, hüpfen.
Nach einem langen Selbstlaut folgt ein Mitlaut.
Nach einem kurzen Selbstlaut folgen zwei oder mehr Mitlaute.

S. 18 (1): Wie ein **E**i schwimmt. Das gibt es doch gar nicht. Ein **E**i kann natürlich nicht schwimmen. Das kannst du leicht selbst ausprobieren. Es versinkt im **W**asser. Du kannst aber einen **V**ersuch machen. Dann wird das **E**i schwimmen. Und so einfach geht es: Fülle einen **B**echer mit **W**asser. Schütte langsam **S**alz in das **W**asser. Rühre so lange, bis das **S**alz sich aufgelöst hat. Lege das **E**i vorsichtig in das **W**asser. Was kannst du sehen?

S. 18 (2): Z. B.: Zuerst fülle ich einen Becher mit Wasser. Dann schütte ich langsam Salz in das Wasser. Jetzt rühre ich so lange, bis das Salz sich aufgelöst hat. Zum Schluss lege ich das Ei vorsichtig in das Wasser. Es schwimmt oben.

S. 19 (3): Z. B.: Der Wasserfall tost. Der Wassertropfen glitzert. Der Wasserdampf steigt auf. Der Wasserhahn tropft. Der Wasserkessel zischt. Der Wasserschlauch spritzt. Die Wasserspülung rauscht. Der Wasservogel gleitet. Der Wasserball schwimmt.
Suchauftrag langer Selbstlaut: rauschen, fließen, tosen, aufsteigen, schweben, gleiten, sprudeln. (Kurzer Selbstlaut: spritzen, schwimmen, glitzern, prasseln, plätschern, gluckern, rinnen, sinken, zischen, tropfen.)

Lösungen

S. 19 (4)

W	A	S	S	E	R	P	F	L	A	N	Z	E	N	M	Z	W
A	U	N	H	K	I	O	P	N	H	G	T	V	H	I	B	A
S	A	L	Z	W	A	S	S	E	R	F	I	S	C	H	M	S
S	R	E	F	A	S	P	A	H	E	R	T	C	U	T	U	S
E	P	I	H	S	B	R	D	E	G	D	I	W	H	U	E	E
R	M	T	H	S	B	U	X	T	E	E	W	A	S	S	E	R
R	F	U	K	E	S	D	Q	W	N	Ü	A	S	G	H	J	F
U	T	N	K	R	M	E	E	R	W	A	S	S	E	R	Ö	A
T	H	G	B	F	W	L	C	F	A	Z	I	E	S	D	F	L
S	K	S	K	L	Z	W	A	S	S	E	R	R	O	H	R	L
C	J	W	J	A	J	P	P	S	T	T	B	E	O	S	S	S
H	X	A	G	S	D	S	I	O	E	P	S	A	R	C	T	U
B	Z	S	H	C	U	S	R	R	O	W	L	T	H	M	M	M
A	T	S	A	H	I	E	G	B	T	K	M	L	P	W	V	Q
H	T	E	T	E	C	R	A	S	J	G	H	J	K	A	O	P
N	H	R	Ä	N	R	T	Z	U	N	V	B	N	M	S	Y	X
K	G	H	J	K	L	T	R	I	N	K	W	A	S	S	E	R
L	A	S	D	F	G	H	J	K	E	E	C	V	B	E	J	K
W	A	S	S	E	R	T	R	O	P	F	E	N	I	R	H	K

S. 20 (5): Z. B.: Die Ente taucht nach Futter. Simon und ich tauschen Briefmarken. Der Schornstein raucht. Der Sender im Radio rauscht. Anne wacht jeden Morgen um 6 Uhr auf. Meine Oma ist in England aufgewachsen. Wir singen viele Lieder in unserer Klasse. Das Papierschiff ist schnell gesunken.

S. 20 (6): waschen – er wäscht – er wusch, schwimmen – ich schwimme – ich schwamm, versinken – sie versinken – sie versanken, aufsteigen – er steigt auf – er stieg auf, spritzen – es spritzt – es spritzte, tropfen – es tropft – es tropfte, tauchen – sie taucht – sie tauchte.

S. 21 (1): Du suchst dir ein Glas, eine Schachtel und einen Stein! Du gehst an die Arbeit! Du baust ein richtiges U-Boot! Du zerrst die Schachtel ins Wasser und legst dich hinein! Du trägst das Glas zum Ufer und stülpst es über die Schachtel! Du nimmst einen langen Anlauf und springst! Du landest auf dem Glas!

S. 22 (2): tauch**en** – ich tauch**e** – du tauch**st**, denk**en** – ich denk**e** – du denk**st**, spring**en** – ich spring**e** – du spring**st**, leg**en** – ich leg**e** – du leg**st**, denk**en** – ich denk**e** – du denk**st**, trag**en** – ich trag**e** – du träg**st**, brauch**en** – ich brauch**e** – du brauch**st**, nehm**en** – ich nehm**e** – du nimm**st**, beginn**en** – ich beginn**e** – du beginn**st**, werf**en** – ich werf**e** – du wirf**st**, bring**en** – ich bring**e** – du bring**st**, schweb**en** – ich schweb**e** – du schweb**st**, lieg**en** – ich lieg**e** – du lieg**st**, wasch**en** – ich wasch**e** – du wäsch**st**, tausch**en** – ich tausch**e** – du tausch**st**, misch**en** – ich misch**e** – du misch**st**, kleb**en** – ich kleb**e** – du kleb**st**, geb**en** – ich geb**e** – du gib**st**, les**en** – ich les**e** – du lies**t**.

S. 22 (3): Z. B.: Es ist viel los am Badesee: Der Hund schläft. Ein Mann angelt. Das Mädchen liest ein Buch. Ein Mann läuft am Ufer entlang. Eine Frau segelt mit ihrem Boot. Ein Mann taucht im See. Ein Junge isst ein Brot. Ein Mann wirft einen Ball.

S. 25 (2): aufschrecken, der Schreck, schrecklich, schreckhaft, erschrecken, erschrocken; packen, die Packung, einpacken, verpacken, umpacken, verpackt; dick, der Dickwanst, dicklich, eindicken, der Dicke, die Dickmilch; das Unglück, verunglücken, unglücklich, das Glück, glücklich, beglücken.

Lösungen

S. 25 (3): Apfelbaum, Birnbaum, Pflaumenbaum, Pfirsichbaum, Nussbaum, Kirschbaum, Kastanienbaum.

S. 25 (4): zieht – zog, kriechen – krochen, wird – wurde, wirbeln – wirbelten, schrekken – schreckten, packen – packten, flüchten – flüchteten, tobt – tobte, prasseln – prasselten, knallen – knallten, biegen – bogen, passiert – passierte, fällt – fiel, rennen – rannten, liegen – lagen, piepsen – piepsten.

Ein Gewitter zog herauf. Langsam krochen die schwarzen Wolken näher. Plötzlich wurde es stürmisch. Staub und Blätter wirbelten in der Luft umher. Erste Blitze und leise Donnerschläge schreckten uns auf. Eilig packten wir unsere Sachen zusammen und flüchteten ins Haus. Der Sturm tobte immer heftiger. Dicke Tropfen prasselten auf die Erde und riesige Hagelkörner knallten auf das Pflaster. Die Bäume bogen sich im Sturm. Da passierte das Unglück: Vom großen Kirschbaum fiel ein Nest herunter. Wir rannten in den Garten. Vier junge Vögel lagen im Nest und piepsten ängstlich.

S. 26 (5): Vogelsand, Vogelkäfig, Vogelfutter, Vogelfänger, Vogelbeeren, Vogelbuch, Vogelhaus, Vogelfeder, Vogelscheuche, Vogelflug, Vogelschutz, Vogelschwarm.

S. 26 (6): der Donner – donnern, der Flug – fliegen, der Sturm – stürmen – stürmisch, die Eile – eilen – eilig, der Staub – stauben – staubig, die Flucht – flüchten – flüchtig, der Blitz – blitzen, der Knall – knallen – knallig, die Erfindung – erfinden – erfinderisch, das Interesse – interessieren – interessant, die Langeweile – langweilen – langweilig, die Rettung – retten, der Dank – danken – dankbar.

S. 27 (7): Der Sturm biegt die Bäume im Garten. Er weht ein Nest vom Kirschbaum. Die Kinder überlegen, wie sie die winzigen Vögel retten können. Sie tragen das Nest ins Haus. Sie stellen die Leiter an den Baum.

S. 28 (2): Seit Tagen **schauten** wir den Männern zu, die die riesige Achterbahn **aufbauten**. Endlich **war** sie fertig. Nun **standen** wir mit unseren Eltern davor. Sie **trauten** sich nicht zu fahren, aber wir **waren** mutig und **stiegen** ein. Zuerst **fuhren** wir langsam hoch hinauf. Dann **bogen** wir um eine Kurve. Plötzlich **ging** es tief hinunter. Die Haare **flogen** im Wind. Schon **kamen** die nächsten Kurven. Und wieder **stürzten** wir steil hinab. Unsere Herzen **schlugen** ganz wild. Jetzt **hatten** wir doch große Angst. Wir **schlossen** die Augen und **schrien**. Blass **stiegen** wir aus. Aber wir **riefen**: „Das hat Spaß gemacht!"

S. 29 (5): schauen, aufbauen, trauen, schreien.

S. 30 (6): schreien, freien; schauen, kauen, klauen, trauen, hauen, stauen, bauen, brauen; scheuen, streuen, freuen; feiern; kauern, trauern, mauern, dauern; scheuern, steuern, feuern.

S. 31 (8): billig – billiger – am billigsten, wild – wilder – am wildesten, schnell – schneller – am schnellsten, groß – größer – am größten, stark – stärker – am stärksten, gruselig – gruseliger – am gruseligsten, aufregend – aufregender – am aufregendsten.

Lösungen

S. 31 (9): Steigt ein zur nächsten **F**ahrt! **I**hr werdet staunen! **S**o etwas habt ihr noch nicht erlebt! **W**ir garantieren **N**ervenkitzel und **S**paß! **L**asst euch überraschen! **D**as war noch nie da! **H**öher und schneller und wilder geht es nicht!

S. 32 (1): Zuerst falte ich das Blatt in der Mitte. Dann schneide ich abwechselnd von oben und unten her ein. Dabei lasse ich oben und unten immer einen breiten Rand. Anschließend schneide ich am Falz einen schmalen Streifen heraus. Links und rechts muss das Blatt einen Rand behalten. Ich öffne das Blatt vorsichtig und ziehe es zu einem Papierring auseinander.

S. 33 (2): Blumentopf – Topfblume, Gemüsegarten – Gartengemüse, Türschloss – Schlosstür, Schriftzeichen – Zeichenschrift, Dachziegel – Ziegeldach, Schlossdach, Turmdach, Blumenwiese – Wiesenblume, Spielwiese, Fensterglas – Glasfenster, Turmfenster, Schlossfenster, Turmuhr, Uhrzeit, Ballspiel – Spielball, Kartoffelsalat – Salatkartoffel, Stuhllehne – Lehnstuhl.

S. 33 (3): öffnete – öffnen, fand – finden, gab – geben, lag – liegen, stand – stehen, wusste – wissen, dachte – denken, kam – kommen, schlug – schlagen, fand – finden, nahm – nehmen, ging – gehen, schnitt – schneiden, gelang – gelingen.

S. 34 (4): schlagen – schlug, tragen – trug, fragen – fragte; gleiten – glitt, reiten – ritt, streiten – stritt; lenken – lenkte, schenken – schenkte, denken – dachte; fliegen – flog, biegen – bog, siegen – siegte; singen – sang, springen – sprang, bringen – brachte; leben – lebte, kleben – klebte, geben – gab; bleiben – blieb, schreiben – schrieb, reiben – rieb; leiden – litt, schneiden – schnitt, neiden – neidete; drehen – drehte, wehen – wehte, sehen – sah.

S. 34 (5): nehmen – nimmt, schließen – schlossen, schneiden – schnitten, bekamen – bekommen, streiten – stritten, saßen – sitzen, vergaßen – vergessen.

S. 35 (6): schl**a**gt – schl**a**gen, f**a**ngt – f**a**ngen, den**k**t – den**k**en, brin**g**t – brin**g**en, len**k**t – len**k**en, sin**g**t – sin**g**en, trin**k**t – trin**k**en.

S. 35 (7): Ich schlage das Buch auf. Ich fange den Ball. Ich denke an die Rechtschreibtipps. Ich bringe das Fahrrad mit. Ich lenke um die Hindernisse. Ich singe lauter. Ich trinke noch etwas.

S. 35 (8): Z. B.: Sche**rz**: sche**rz**en, versche**rz**en; schme**rz**en: der Schme**rz**, geschme**rz**t, verschme**rz**en, schme**rz**haft; he**rz**lich: das He**rz**, he**rz**en, he**rz**haft; stü**rz**en: der Stu**rz**, der Abstu**rz**, bestü**rz**t, abstü**rz**en, hinstü**rz**en; ku**rz**: verkü**rz**t, abkü**rz**en, die Kü**rz**e.

S. 36 (1): Wir singen schöne Lieder, im Frühling blüht der Flieder. Das Schneiderlein fing sieben Fliegen, obwohl sie nur ganz schwer zu kriegen. Wenn die Kinder Fußball spielen, müssen auf das Tor sie zielen. Im Heft soll ich nicht schmieren, doch muss ich oft radieren. Wenn Wasser aus dem Himmel fließt, der Gärtner nicht den Garten gießt. Wir malen auf das Blatt Papier ein lustiges Giraffentier. Ich lag im Bett und schlief ganz tief, bis meine Mutter sanft mich rief. Die Sache ganz und gar nicht lief, drum ging sie dann auch völlig schief.